Mère Teresa, de Calcutta
Frère Roger, de Taizé

LE CHEMIN
DE CROIX

Le Centurion

SOURCES

Mère Teresa, *Tu m'apportes l'amour*, Paris, Le Centurion, 1975. *La joie du don*, Paris, Le Seuil, 1975.

Frère Roger, *Étonnement d'un amour*, Taizé, Presses de Taizé, 1979. *Fleurissent les déserts du cœur*, Taizé, Presses de Taizé, 1982.

Mère Teresa, Frère Roger, *Iubilaeum juvenum*, *Pontificium concilium pro laïcis*, Vatican, 1984.

Textes communs dans la *Lettre de Taizé*.

Photos de couverture :

Page 1 : icône de la croix de Taizé (original dans l'église de la Réconciliation).

Page 4 : Mère Teresa et Frère Roger au Katholikentag de Friburg en 1978 *(Ph. Kna-Bild)*.

ISBN 2-227-34034-7

© Éditions du Centurion, 1986
17, rue de Babylone, 75007 Paris

Table

La souffrance n'est rien en soi ; mais c'est un admirable don que la souffrance partagée avec la passion du Christ. Le plus beau don reçu par l'homme est la possibilité d'avoir part à la passion du Christ. Oui, un don et un signe de son amour ; puisque c'est ainsi que son Père a montré qu'il aimait le monde — en donnant son Fils pour qu'il meure pour nous.

Mère Teresa

Offrir son corps aux flammes, distribuer ses biens, engager ses énergies dans la lutte pour la justice, est-ce vivre dangereusement ? Oui, mais tout n'est pas là.

Vit dangereusement qui traverse la pâque avec Jésus et consent, avec lui, à aller jusqu'à mourir d'aimer.

Frère Roger

STATION
I

Jésus est condamné à mort

———

Insulté, il ne rendait pas l'insulte ; souffrant, il ne menaçait pas mais il s'en remettait à celui qui juge avec justice... Par ses blessures nous sommes guéris (1 Pierre 2, 23-24; voir Isaïe 53, 7).

Toi qui, sans regarder en arrière, veux suivre le Christ, prépare-toi, dans une vie toute simple, à lutter avec un cœur réconcilié.

Là où tu es placé, ne redoute pas la lutte pour les opprimés, croyants ou non. La recherche de la justice fait appel à une vie de solidarité concrète avec les plus pauvres... A elle seule, la parole peut devenir une drogue.

Quoi qu'il t'en coûte, prépare-toi aussi à la lutte en toi-même, pour être trouvé fidèle au Christ jusqu'à la mort. Par cette continuité de toute une existence se construit en toi une unité intérieure qui permet de tout traverser.

Lutter avec un cœur réconcilié suppose de se tenir au milieu des plus fortes tensions. Loin d'étouffer tes énergies, une telle lutte t'appelle à rassembler toutes tes forces vives.

Tes intentions seront peut-être défigurées. En refusant de pardonner, en refusant la réconciliation, que reflètes-tu du Christ ? Sans une prière pour l'opposant, quelle ténèbre en toi ! Si tu perds la miséricorde, tu as tout perdu.

Seul, tu ne peux pas grand-chose pour l'autre. Mais ensemble, en communauté, traversé par le souffle de l'amour du Christ, s'ouvre ce passage qui va de l'aridité à la création commune. Et quand une communauté est ferment de réconciliation dans cette communion qu'est l'Église, l'impossible devient possible.

Tu cherches à être levain dans la pâte, tu cherches à aimer l'Église, et tu te heurtes si souvent à des divisions internes qui vont jusqu'à écarteler le Corps du Christ, son Église. Ce qui marque les chercheurs de réconciliation, c'est qu'à la suite du Christ, ils désirent plus accomplir qu'abolir, plus comprendre qu'exhorter. Ils se tiennent à l'intérieur, jusqu'à ce que se transfigurent les fragilités mêmes de l'Église.

Loin d'allumer des feux de paille, donne ta vie jusqu'au bout, elle deviendra jour après jour création avec Dieu.

Frère Roger

Je trouve le travail plus léger et le sourire plus aisé quand je pense à chacun de mes frères et sœurs souffrants. Jésus demande que vous ne cessiez pas de verser dans la lampe de notre vie l'huile de votre amour et de votre sacrifice. Vous revivez vraiment la passion du Christ. Tout meurtris, défaits, accablés de douleurs et de plaies que vous êtes, acceptez Jésus tel qu'il vient dans votre vie.

Sans lui nous ne pourrions rien faire. Et c'est à l'autel que nous rencontrons le pauvre souffrant. Et c'est en lui que nous savons que la souffrance peut devenir moyen de plus grand amour, de plus grande générosité.

Mère Teresa

STATION
II

Jésus se charge
de sa croix

———

Il était de condition divine, mais il ne retint pas jalousement le rang qui l'égalait à Dieu. Il s'anéantit lui-même, prenant condition d'esclave et devenant semblable aux hommes (Philippiens, 2, 6-7).

Toi, le Dieu de tous les humains, depuis la nuit des âges, par ton Esprit, tu as gravé en chacun une loi d'amour. Mais ils sont peu nombreux ceux qui saisissent qu'à ton image tu les as créés libres pour aimer.

Toi, le Dieu vivant, pour essayer de te faire comprendre, par le Christ Jésus tu es venu sur la terre comme un pauvre.

Et ce Jésus, rejeté, torturé sur une croix, couché mort dans un tombeau, tu l'as ressuscité.

Toi, le Christ, à tes disciples comme à nous-mêmes, tu poses la question : pour vous qui suis-je ?

Tu es le Vivant. Ressuscité, te voilà en agonie avec qui est dans l'épreuve. Ton Esprit habite qui connaît la souffrance humaine.

A chacun tu adresses un appel à te suivre. Te suivre suppose chaque jour de prendre notre propre croix. Mais toi, tu descends là où nous sommes, jusqu'au plus bas, pour te charger de ce qui nous charge. Tu te tiens auprès de chacun. Tu vas jusqu'à visiter ceux qui sont morts sans avoir pu te connaître (1 Pierre 3, 19-20).

La contemplation de ta miséricorde sans fin devient un rayonnement de bonté dans l'humble cœur qui se laisse conduire par ton Esprit.

Frère Roger

Dᴵᴱᵁ s'est identifié avec l'affamé, le malade, le nu, le sans-foyer ; faim pas seulement de pain mais d'amour, d'attention, faim d'être quelqu'un pour quelqu'un ; nudité pas seulement par manque de vêtements mais par manque de cette compassion que si peu de personnes savent offrir à l'inconnu ; sans foyer, pas seulement sans un abri de cailloux, mais sans une personne qu'on puisse appeler sienne.

Sans notre souffrance, notre œuvre ne serait qu'une œuvre sociale, très bonne et secourable, mais elle ne serait pas l'œuvre de Jésus Christ, elle ne participerait pas à la Rédemption. Jésus a voulu nous aider en partageant notre vie, notre solitude, notre agonie, notre mort. Il fallait qu'il fût un avec nous pour nous sauver.

Il nous est demandé de faire de même ; toute l'affliction des pauvres, indigence matérielle aussi bien que dénuement spirituel, doit être sauvée. Et nous devons partager cette affliction, car il faut que nous soyons un avec eux pour pouvoir les sauver, en amenant Dieu dans leur vie et en les amenant à Dieu.

Mère Teresa

STATION

III

Jésus tombe
pour la première fois

————

Comme quelqu'un devant qui on se voile la face, il était méprisé, nous n'en faisions aucun cas (Isaïe 53, 3).

Un garçon me parle d'un drame intérieur.

Sa peine est sans limite. Rien n'est plus cruel que le rejet ou la rupture d'un amour. Le cœur ne sait plus comment réagir et, pour ne pas trop souffrir, il s'endurcit parfois. Voilà que surgit un antidote : s'aimer soi-même. De l'humiliation non assumée naissent l'orgueil de la vie, l'ambition humaine.

Le Christ, lui, rejeté, ne se révolte pas. Il souffre et il aime.

Une question d'un jeune : comment réaliser une réconciliation quand l'autre la refuse ?

Ce refus est comme une petite mort qui fait perdre pied. Personne ne s'en relève si aisément. Rien de plus blessant que de trouver froideur et distance chez le vis-à-vis avec qui nous cherchons une réconciliation. Le cœur est atteint jusqu'aux profondeurs de ses profondeurs.

Il arrive même que le pardon stimule dans le vis-à-vis ce cynique calcul : pourquoi ne pas aller plus avant dans mon projet, quitte à passer sur le corps de l'autre, puisque de toute manière il me pardonnera à cause du Christ ?

Si l'autre persévère dans son refus, serait-ce que Dieu n'exaucerait pas la prière ? En réalité, Dieu l'a déjà exaucée « en nous-mêmes », sa réponse a été donnée « au-dedans de nous », déjà il a réconcilié en nous.

Écrit à un proche, à la veille d'un moment important :

« Quand l'homme humilié en toi voudrait secouer tout ce qu'il considère comme un poids, n'oublie pas que ce poids peut être le joug aisé du Christ, son bras passé sur ton épaule. Quand l'étreinte d'une révolte te désespère au point d'abandonner ce Christ qui t'a appelé une fois pour toutes, rejoins l'oasis intérieure, le lieu de solitude en toi-même, il t'y redit inlassablement le même appel. De toi, il demande beaucoup, lui qui t'a comblé de dons. Ne jette pas ces perles précieuses en perdant tes énergies à savoir qui a eu tort ou raison. Que ta vie soit une réponse d'émerveillement pour ce qu'il a déposé en toi. »

Frère Roger

Un jour, dans les rues de Calcutta, nous avons recueilli un jeune homme, qui avait été la victime de compagnons douteux et à qui on avait volé ses papiers. Auparavant il avait reçu une éducation soignée et il avait plusieurs titres universitaires. Au bout de quelque temps je lui demandai pourquoi il avait abandonné ses parents. Il me répondit que son père le considérait comme indésirable : « Jamais, depuis mon enfance, il ne m'a regardé en face. Il était devenu jaloux de moi, et c'est pourquoi j'ai quitté la maison. » Les Sœurs prièrent beaucoup puis elles l'aidèrent à rentrer chez lui et à pardonner à son père, ce qui leur fut bon à tous deux. Voilà un cas de très grande pauvreté.

Mère Teresa

STATION
IV

Jésus rencontre
sa mère

————

L'amour est fort comme la mort (Cantique des cantiques 8, 6).

L'un et l'autre, nous en sommes conscients : de larges zones du monde sont recouvertes de déserts spirituels. On y trouve des jeunes marqués par des abandons humains et un doute subtil, provoqué par des brisures qui les atteignent jusque dans leurs profondeurs.

En effet, même assoiffés d'une vie spirituelle, tant de jeunes sont gagnés par le doute. Ils sont dans l'impossibilité de donner leur confiance à Dieu, de croire, n'ayant pas trouvé la confiance en ceux auxquels l'existence les avait confiés. Des situations de rupture ont blessé en eux l'innocence de l'enfance ou de l'adolescence. Il en résulte scepticisme et découragement : à quoi bon exister, la vie a-t-elle encore un sens ?

A Calcutta, il y a des mouroirs visibles... mais dans une civilisation occidentale, beaucoup de jeunes se trouvent dans de véritables mouroirs invisibles. Il est des parents qui, tout en pourvoyant aux besoins matériels, sont de grands absents par rapport à leurs enfants.

Les ruptures des générations ont encore de toutes autres conséquences : il est des personnes âgées qui doivent terminer leur vie dans l'isolement, même en ayant de quoi subsister matériellement, c'est comme s'il ne leur restait pas d'autre issue que d'attendre la mort. Et pourtant les personnes avancées en âge savent si souvent écouter les autres avec un total désintéressement.

Aussi, en ces temps de ruptures et de fortes secousses, nous osons tous les deux adresser un appel à ceux de tous les âges :

Pour être des vivants, non pas des demi-morts, cherchez Jésus qui est vivant, cherchez-le, même si vous croyez l'avoir perdu. Il vous aime. En le trouvant, vous trouverez tout, l'amour, la paix, la confiance, alors la vie vaut la peine d'être vécue.

Tous nous pouvons devenir artisans de paix et de réconciliation là où nous sommes placés. Que notre demeure, si modeste soit-elle, soit comme la maison de Marie à Nazareth : un lieu pour accueillir Jésus le Christ, pour prier, un lieu pour écouter d'autres et les accompagner, pour leur permettre ainsi de sortir de l'actuelle crise de confiance.

Saint Jean, dans sa vieillesse, ne pouvait plus que répéter : Dieu est amour. Là où est Dieu, là il y a l'amour. Si vous vous aimez les uns les autres, dit Jésus, tous reconnaîtront que vous êtes mes disciples. Apportons l'amour de Jésus à l'isolé, à l'attristé, au malade, au déprimé. Par là beaucoup d'autres encore passeront du découragement et du doute à la confiance dans l'Esprit du Dieu vivant. Et ainsi, jeunes et moins jeunes deviendront à leur tour ferment d'une paix et d'une réconciliation si essentielles en ce temps, non seulement auprès des croyants, mais dans toute la famille humaine.

Mère Teresa et Frère Roger

STATION
V

Jésus est aidé
par Simon de Cyrène

———

Portez les fardeaux les uns des autres et accomplissez ainsi la loi du Christ (Galates 6, 2).

QUAND j'avais faim, tu m'as donné à manger,
Quand j'avais soif, tu m'as donné à boire,
Ce que vous ferez au plus petit des miens,
    c'est à moi que vous le ferez.

Maintenant, entrez dans la maison de mon
    Père.
Quand j'étais sans logis, tu as ouvert tes portes,
Quand j'étais nu, tu m'as donné ton manteau,
Quand j'étais las, tu m'as offert le repos,
Quand j'étais inquiet, tu as calmé mes
    tourments,
Quand j'étais petit, tu m'as appris à lire,
Quand j'étais seul, tu m'as apporté l'amour,
Quand j'étais en prison, tu es venu dans ma
    cellule,
Quand j'étais alité, tu m'as donné des soins,
En pays étranger, tu m'as fait bon accueil,
Chômeur, tu m'as trouvé un emploi,
Blessé au combat, tu as pansé mes plaies,
Cherchant la bonté, tu m'as tendu la main.
Quand j'étais noir, ou jaune, ou blanc,
Insulté et bafoué, tu as porté ma croix,
Quand j'étais âgé, tu m'as offert un sourire,
Quand j'étais soucieux, tu as partagé ma peine.

Tu m'as vu couvert de crachats et de sang,
Tu m'as reconnu sous mes traits en sueur,

Quand on se moquait, tu étais près de moi,
Et quand j'étais heureux, tu partageais ma joie.

Mère Teresa

Choisir le Christ ! Il place devant une alter-
native : « Qui veut sauver sa vie la perdra, qui
donnera sa vie pour l'amour de moi la retrou-
vera. » Mais il n'impose pas le choix. Il laisse
chacun libre de le choisir ou de le rejeter. Il ne
contraint jamais. Simplement, depuis deux mille
ans, doux et humble de cœur, il se tient à la
porte de tout cœur humain et il frappe : « M'aimes-tu ? »

Quand il semble que disparaît la capacité de
lui répondre, il reste à l'appeler : « Donne-moi
de me donner, de me reposer en toi, le Christ,
de corps et d'esprit. »

Choisir le Christ suppose de marcher sur une
seule voie, non pas sur deux à la fois. Qui voudrait en même temps le suivre et se suivre soi-
même se mettrait à suivre sa propre ombre,
dans la poursuite du prestige humain ou de la
considération sociale.

Que nous demandes-tu, toi le Christ ? avant
tout de porter les fardeaux les uns des autres et
te les confier dans notre prière toujours pauvre.

Qui dépose en toi ses fardeaux, tu l'accueilles,
et c'est comme si, à tout moment, en tout lieu,
tu le recevais dans la maison de Nazareth.

En qui se laisse accueillir par toi, le serviteur souffrant, le regard intérieur perçoit, au-delà de ses propres confusions, un reflet du Christ de gloire, le Ressuscité.

Et l'être humain est rendu vivant, chaque fois que tu le visites par l'Esprit Saint Consolateur.

Frère Roger

STATION
VI

Véronique essuie la face de Jésus

C'est ta face, Seigneur, que je cherche. Ne me cache point ta face (Psaume 27, 8-9).

Tu es Dieu.

Tu es Dieu, né de Dieu.
Tu es engendré, non pas créé.
Tu es de même nature que le Père.
Tu es le Fils du Dieu vivant.
Tu es la seconde Personne de la Sainte Trinité.
Tu es Un avec le Père.
Tu es dans le Père dès le commencement ;
Tout a été fait par toi et par le Père.
Tu es le Fils bien-aimé en qui le Père se
    complaît.
Tu es le fils de Marie,
    conçu par le Saint-Esprit dans le sein de
        Marie.
Tu es né à Bethléem,
Tu as été enveloppé de langes par Marie
    et couché dans une crèche emplie de paille.
Tu as été réchauffé par l'haleine de l'âne
    qui porta ta Mère te portant elle-même dans
        son sein.
Tu es le fils de Joseph,
    le charpentier, connu comme tel par les gens
        de Nazareth.
Tu es un homme ordinaire n'ayant pas
    beaucoup
        d'instruction, selon le jugement des personnes
    instruites d'Israël.

Qui est Jésus pour moi ?

Jésus est le Verbe fait chair.
Jésus est le Pain de Vie.
Jésus est la Victime offerte pour nos péchés
    sur la Croix.
Jésus est le Sacrifice offert à la Sainte Messe
    pour les péchés du monde et les miens.
Jésus est la Parole qu'il faut énoncer.
Jésus est la Vérité qu'il faut dire.
Jésus est la Lumière qu'il faut allumer.
Jésus est la Vie qu'il faut vivre.
Jésus est l'Amour qu'il faut aimer.
Jésus est la Joie qu'il faut partager.
Jésus est la Paix qu'il faut donner.
Jésus est le Pain de Vie qu'il faut manger.
Jésus est l'Affamé qu'il faut nourrir.
Jésus est l'Assoiffé qu'il faut rassasier.
Jésus est le Dépouillé qu'il faut vêtir.
Jésus est le Sans-Abri qu'il faut recueillir.
Jésus est le Malade qu'il faut soigner.
Jésus est l'Isolé qu'il faut aimer.
Jésus est l'Indésirable qu'il faut désirer.
Jésus est le Lépreux dont il faut laver les plaies.
Jésus est le Mendiant à qui il faut sourire.
Jésus est l'Alcoolique qu'il faut écouter.
Jésus est l'Handicapé mental qu'il faut protéger.
Jésus est le Tout-Petit qu'il faut embrasser.
Jésus est l'Aveugle qu'il faut conduire.
Jésus est le Muet à qui il faut parler.
Jésus est l'Infirme avec qui il faut marcher.
Jésus est le Drogué qu'il faut secourir.

Jésus est la Prostituée qu'il faut arracher
   au danger et soutenir.
Jésus est le Prisonnier qu'il faut visiter,
Jésus est la Personne âgée qu'il faut servir.

Pour moi,

Jésus est mon Dieu.
Jésus est mon Époux.
Jésus est ma Vie.
Jésus est mon seul Amour.
Jésus est mon Tout en tout.
Jésus est mon Bien.
Jésus, je t'aime de tout mon cœur, de tout
   mon être.
Je lui ai tout donné, y compris mes péchés
   et lui-même m'a épousée dans la tendresse
   et l'amour.
Maintenant et pour la vie, je suis l'Épouse de
   mon Époux crucifié.
Amen.

Mère Teresa

STATION

VII

Jésus tombe
pour la deuxième fois

———————

Mon palais est sec comme un tesson, et ma langue est collée à la mâchoire. Je suis couché dans la poussière de la mort (Psaume 22, 16).

HABITÉ par une image vue au Bangladesh. Dans une étroite ruelle, un enfant était accroupi au sol, portant un bébé sur un bras et cherchant de l'autre bras à en soulever un second. Quand il les a tenus les deux à la fois, il s'est affaissé. Image de l'innocence blessée de l'enfance. Pourquoi l'impossibilité de prendre en charge de tels enfants ? Plus d'un an après, le cœur ne s'en remet pas.

Frère Roger

ICI même en Angleterre et dans bien d'autres lieux, à Calcutta, Melbourne ou New York, bien des isolés ne sont identifiables que par le numéro de leur logis ou de leur chambre. Pourquoi ne sommes-nous pas là ? C'est derrière la porte à côté, peut-être, qu'ils se trouvent – ne le savons-nous pas ? C'est un aveugle qui serait heureux que vous lui lisiez le journal, ou peut-être quelqu'un de riche qui n'a personne qui vienne le voir : il a tout le reste, il y est enfoui, mais il n'a pas de contact, et c'est votre contact dont il a besoin.

Il y a quelque temps un homme très riche est venu à notre résidence et il m'a dit : « Je vous en prie, vous ou quelque autre, venez chez moi.

Je suis à demi aveugle et ma femme est au bord de la maladie mentale ; nos enfants sont tous partis à l'étranger, et nous mourons de solitude ; nous avons un tel désir d'entendre le son affectueux d'une voix humaine ! »

Mère Teresa

STATION

VIII

Jésus console
des femmes de Jérusalem
qui pleurent sur lui

————

Ils regarderont celui qu'ils ont transpercé, ils le pleureront comme on pleure un premier-né (Zacharie 12, 10).

O Dieu, père de chaque humain, tu demandes à tous de porter l'amour là où les pauvres sont humiliés, la joie là où l'Église est abattue, la réconciliation là où les humains sont divisés, le père avec son fils, la mère avec sa fille, le mari avec sa femme, le croyant avec celui qui ne peut croire, le chrétien avec son frère chrétien non aimé. Tu nous ouvres ce chemin pour que le corps écartelé de Jésus Christ, ton Église, soit ferment de communion pour les pauvres de la terre et dans toute la famille humaine.

Nous sommes tous deux interpellés par les souffrances de notre monde contemporain. Face à ces blessures de l'humanité, les divisions entre chrétiens nous deviennent insupportables.

Renoncerons-nous à nos séparations, nous libérant de nos peurs les uns des autres ? En tout différend, à quoi bon chercher qui a eu tort et qui a eu raison ?

Dans notre recherche de réconciliation, apprendrons-nous comment apporter le meilleur de nous-mêmes et comment accueillir le meilleur de l'autre, nous aimant les uns les autres comme Jésus nous aime ?

Nous te remercions, ô Christ Jésus, de ce que l'Église catholique soit d'abord l'Église de l'Eucharistie, enracinée dans tes paroles : « ceci est mon corps, ceci est mon sang », afin de faire vivre de ton adorable présence.

Nous te remercions de ce que les Églises protestantes soient les Églises de la Parole, qui rappellent constamment la force de ton Évangile.

Nous te remercions de ce que les Églises orthodoxes, si souvent dans leur histoire, soient conduites par fidélité à aller jusqu'à l'extrême de l'amour.

O Christ, ouvre-nous tous au dépassement de nous-mêmes : que nous ne retardions plus la réconciliation dans cette unique communion qui s'appelle l'Église, levain irremplaçable dans la pâte de l'humanité.

Mère Teresa et *Frère Roger*

STATION
IX

Jésus tombe
pour la troisième fois

———

*Je complète en ma chair ce qui manque aux
épreuves du Christ pour son Corps qui est
l'Église* (Colossiens 1, 24).

Touché de découvrir tant de jeunes dans la
cathédrale de Leningrad. L'évêque Nicodim m'a
demandé de prendre la parole. Je leur dis : « Si
le Christ n'était pas ressuscité, nous ne serions
pas ici, il n'y aurait pas dans tout le pays l'ardente confiance qui est la vôtre. » Juste avant,
je m'adressais à ceux qui seront bientôt prêtres :
« Plus vous cheminerez avec le Christ, plus vous
serez menés sur la montagne de la tentation.
Lui-même y a été. Plus nous approchons invisiblement de l'agonie du Christ, plus nous portons en nous un reflet du Ressuscité. »

En Afrique du Sud, dans un quartier noir
du Cap, toute une foule s'est réunie pour une
prière. Ils chantent. Comme aucune autre expression, les voix humaines traduisent l'appel des
profondeurs. Je tente alors d'exprimer par un
geste ce qui emplit le cœur en expliquant à ces
Africains : je voudrais vous demander pardon,
non pas au nom des Blancs, je ne le pourrais pas,
mais parce que vous souffrez pour l'Évangile et
nous devancez dans le Royaume de Dieu ; je
voudrais passer de l'un à l'autre pour que chacun
de vous fasse dans ma main le signe de la croix,
le signe du pardon du Christ.

Ce geste est aussitôt compris. Tous le font, même les enfants. Cela dure un temps qui semble infini. Spontanément éclatent des chants de résurrection.

Frère Roger

Une jeune fille est arrivée d'un pays étranger pour faire partie des Missionnaires de la Charité. Une de nos règles veut qu'un nouveau venu se rende au Foyer des mourants dès le lendemain de son arrivée. Aussi dis-je à la jeune fille : « Vous avez vu le prêtre pendant la messe – avec quel amour, avec quel soin il touchait le corps de Jésus dans l'hostie. Faites de même quand vous serez au mouroir, parce que c'est le même Jésus que vous trouverez là dans les corps abîmés de nos pauvres. » Les Sœurs partirent. Trois heures après, la nouvelle venue fut de retour et me dit avec un grand sourire – je n'ai jamais vu un sourire pareil : « Mère, je touche le corps du Christ depuis trois heures. » Je lui dis : « Comment cela ? Qu'avez-vous fait ? » Elle répondit : « Quand je suis arrivée au mouroir, on apportait un homme qui était tombé dans un égout et qu'on n'en avait tiré qu'après un certain temps. Il était couvert de blessures, d'ordures et de vers, et je l'ai nettoyé et je savais que j'étais en train de toucher le corps du Christ. »

Mère Teresa

STATION
X

Jésus est dépouillé
de ses vêtements

————————

Ces gens me voient, ils me regardent, ils partagent entre eux mes habits et tirent au sort mon vêtement (Psaume 22, 18-19).

Dans cette période où la prise de conscience des droits humains n'a jamais été si développée, la loi du plus fort sévit cependant à travers la terre. L'humanité connaît la violence, les bruits de guerre, les conflits armés.

Dans l'Évangile, la paix porte le nom grave de réconciliation. Ce nom engage et conduit très loin. Se réconcilier, c'est commencer une relation neuve, c'est un printemps de notre être. Ce qui est vrai entre personnes l'est aussi entre nations. Quel printemps serait une réconciliation des peuples, particulièrement entre l'Est et l'Ouest !

Toute une jeune humanité sur les deux hémisphères attend que s'abaissent les frontières entre les peuples et ne redoute pas de prendre des risques pour la paix mondiale. Quelques dominantes la caractérisent :

Des jeunes qui cherchent la paix se refusent à soutenir des égoïsmes sacrés, ceux d'un continent ou d'une nation, ceux d'une race ou d'une génération.

Ils sont conscients que, parmi les conditions de la paix mondiale, s'impose en premier lieu une juste répartition des biens entre tous. L'inéquitable répartition des richesses, plus encore quand elles sont détenues par des chrétiens, est une blessure faite à l'ensemble de la communauté humaine. Beaucoup se demandent : comment se fait-il que les chrétiens, qui parviennent souvent à partager les biens spirituels, soient en général si peu arrivés dans leur histoire à partager aussi les biens matériels ?

De jeunes chercheurs de paix savent aussi que seule une égale confiance faite à tous les peuples de la terre, non pas à quelques-uns seulement, peut conduire à une guérison de leurs déchirures. Aussi importe-t-il de ne jamais humilier les membres d'un peuple dont les dirigeants ont commis des actes inhumains. S'impose aussi une infinie attention à tant d'hommes et de femmes qui aujourd'hui, exilés ou émigrés, vivent sur une terre étrangère : si chaque demeure s'ouvrait à quelqu'un d'une autre origine, la question raciale serait en partie résolue.

Pour mieux répartir les biens matériels entre le Nord et le Sud, pour réparer les cassures entre l'Est et l'Ouest, la droiture de cœur est nécessaire. Qui, homme politique ou non, pourrait appeler à la paix et ne pas la réaliser en lui-même ? « Fais-toi un cœur droit et courageux », écrivait déjà Sirac le Sage, voici vingt-deux siècles.

Dans les graves situations de notre temps, beaucoup sont disposés à devancer, par leur vie, une confiance entre les peuples. Ils cherchent en Dieu les persévérances, ils engagent toutes leurs ressources intérieures et spirituelles pour anticiper la paix et la réconciliation, non pas en surface mais en profondeur. Ils savent qu'ils ne sont pas appelés à lutter avec les armes de puissance, mais avec un cœur pacifié. Ils se refusent à prendre des positions partisanes.

La paix commence en soi-même. Mais comment aimer ceux qui oppressent le faible, le pauvre ? Et plus encore : comment aimer l'opposant quand il se réclame du Christ ? Dieu donne de prier même pour ceux qui haïssent. Dieu est blessé avec l'innocent.

« Aimez vos ennemis, faites du bien à qui vous hait, priez pour ceux qui disent du mal de vous » : saisir ces paroles de l'Évangile demande d'acquérir une maturité et aussi d'avoir traversé des déserts intérieurs.

Dans cet océan sous-jacent en l'être humain demeure une attente. De jour comme de nuit, il y est répondu : paix.

Seigneur Christ, nous sommes parfois étrangers sur la terre, déconcertés par les violences, les duretés d'oppositions.

Comme une brise légère, tu souffles sur nous l'Esprit de paix.

Transfigure les déserts de nos doutes pour nous préparer à être porteurs de réconciliation là où tu nous places, jusqu'à ce que se lève une espérance de paix parmi les humains.

Frère Roger

STATION
XI

Jésus
est mis en croix
_____

Aujourd'hui tu seras avec moi dans mon Royaume (Luc 23, 43).

Jésus notre joie, Jésus notre vie. Il veut faire de chacun de nous des vivants. Il se donne, il guérit. Par lui, Dieu offre à chacun la joie sereine, non pas le malheur.

A travers le monde, l'innocence des plus jeunes est si souvent blessée, quand leurs intentions les plus sincères sont défigurées, quand leur amour est rejeté. Récemment, à la fin d'un séjour à Haïti, dans un bidonville de misère, un enfant qui ne possédait rien, même pas un seul vêtement, me demandait avec insistance : « Prends-moi avec toi ! » Et autour de lui les enfants s'exclamaient : « Oui, il n'a pas de maman, pas de père. » Dans ce bidonville, tant de visages laissaient transparaître chaque jour un reflet du Christ sur la croix.

Dans l'hémisphère Nord, il y a aussi des abandons humains, mais ceux-là sont plus cachés, peu visibles. Ainsi un tout jeune d'une grande ville disait à propos de la parabole du fils prodigue : « Dans ma famille, ce n'est pas moi, le fils, qui suis parti, c'est mon père qui nous a laissés. »

Face aux abandons humains qui arrachent des jeunes au sens de la vie, où trouver une confiance essentielle pour exister ? Le Christ ressuscité, qui vit dans le rayonnement de Dieu, est en même temps en agonie, et aujourd'hui et demain et jusqu'à la fin du monde. Ainsi, pour comprendre la mort de Jésus sur la croix, il importe de saisir d'abord qu'il est ressuscité et qu'à chaque moment il vient nous rencontrer tels que nous sommes. Il descend jusqu'au plus bas de notre condition humaine. Il prend sur lui ce qui nous fait mal et de nous-mêmes et des autres. Il est là pour ceux que le mépris et la violence haineuse font traverser comme de petites morts.

Frère Roger

J'AI gardé le Seigneur toujours devant mes yeux, parce qu'Il est toujours à ma droite, de sorte que je ne peux glisser.

La vraie vie intérieure fait que la vie active brûle avec éclat et consume tout. Elle nous fait trouver Jésus dans les trous noirs des bidonvilles, dans les plus misérables misères des pauvres, l'Homme-Dieu nu sur la Croix, triste, méprisé par tous, l'Homme de souffrance écrasé comme un ver par la flagellation et la crucifixion.

Qu'est-ce que la société attend de moi ? D'être une coopératrice du Christ. Où pouvons-nous remplir ce but ? Non dans les maisons des riches, mais dans les taudis, voilà notre royaume. Nous ne pouvons accepter des travaux qui ne mènent pas aux taudis. C'est le Royaume du Christ et le nôtre, le champ où nous avons à travailler. Si un fils quitte le champ de son père et va travailler dans un autre, il n'est plus le coopérateur de son père. Ceux qui partagent tout sont des partenaires donnant amour pour amour, souffrance pour souffrance. Jésus, tu as tout donné : la vie, le sang, tout ; maintenant c'est à mon tour. Je mets tout dans le champ.

... Nos prières doivent être des mets brûlants jaillissant du foyer d'un cœur rempli d'amour.

Être vraiment chrétien, c'est accepter vraiment le Christ et devenir un autre Christ l'un pour l'autre. C'est aimer comme nous sommes aimés et comme le Christ nous a aimés sur la croix. C'est nous aimer l'un l'autre et donner aux autres.

Mère Teresa

STATION
XII

Jésus meurt
sur la croix

———————

Mon Dieu, mon Dieu, pourquoi m'as-tu abandonné ? (Marc 15, 34 ; voir Psaume 22, 2).

Jésus sur la croix se sent abandonné : « Mon Dieu, mon Dieu, pourquoi m'as-tu abandonné ? » Voyant ceux qui le torturent, il se met à prier : « Père, pardonne-leur, car ils ne savent pas ce qu'ils font. » Et depuis ce jour, pour nous tous, la contemplation de son pardon devient un rayonnement de bonté dans l'humble cœur qui se laisse conduire par son Esprit.

Nous avons des yeux pour regarder, et notre regard a besoin de s'arrêter sur le visage de Jésus sur la croix. Parfois des mains d'artistes ont su exprimer ce visage du Christ au point que notre simple regard pénètre le mystère. Nous comprenons entre autres que le Christ Jésus laisse chacun libre de le choisir ou de le rejeter. Il n'oblige personne. Simplement, depuis bientôt deux mille ans, il se tient à la porte de tout cœur humain et il frappe : M'aimes-tu ? Resteras-tu avec moi pour veiller et prier pour ceux qui, en ce jour, sur la terre sont abandonnés par ceux qu'ils aiment, subissent la haine, la torture ? Sans même savoir comment prier, nous pouvons tous nous tenir en présence du ressuscité. Et dans les longs silences, où apparemment rien ne semble se passer, le meilleur se prépare en nous, nous nous construisons intérieurement.

Frère Roger

Le Christ, quand il a dit : « J'étais affamé et vous m'avez donné à manger » ne parlait pas seulement de la faim de pain et d'aliments, il parlait aussi de la faim d'amour. Jésus lui-même a fait l'expérience de cette solitude. Il est venu parmi les siens et les siens ne l'ont pas reçu, ce lui fut douloureux et n'a cessé de l'être (...). La même faim, la même solitude, la même déréliction : n'être reçu par personne, n'être aimé de personne, n'être nécessaire à personne. Tout être humain qui vit cela est semblable au Christ dans sa solitude ; c'est le plus dur, c'est la faim véritable.

Si nos pauvres parfois ont dû mourir de faim, ce n'est pas que Dieu n'en a pas pris soin, mais c'est que vous et moi nous n'avons pas donné, nous n'avons pas été entre les mains de Dieu un instrument de l'amour, pour que leur soient donnés ce pain et ce vêtement ; c'est que nous n'avons pas reconnu le Christ, quand une fois de plus il est venu sous l'affligeante apparence de l'homme affamé, de l'homme esseulé, de l'enfant sans foyer, de l'errant sans abri.

Mère Teresa

STATION
XIII

Jésus est détaché de la croix et déposé dans les bras de sa mère

———————

Je suis la servante du Seigneur, qu'il m'advienne selon ta parole (Luc 1, 38).

A Haïti, nous allions chez une vieille femme noire qui ouvre sa maison aux plus pauvres. Un jour cette femme emplie de compassion priait : « Je souffre parce que nous avons à peine aidé une détresse humaine que déjà une autre personne est là, avec une autre souffrance. » Être des vivants, c'est aimer avec la compassion du cœur comme cette vieille femme, c'est comprendre les autres dans leurs joies comme dans leurs peines.

Et voilà que dans cette communion qui s'appelle l'Église, le sacrement de réconciliation et la présence du Christ dans l'Eucharistie sont des sources qui ouvrent à la compassion de Dieu. Nous lui disons alors l'ancienne prière : « Ne regarde pas nos péchés, mais la foi de ton Église. »

Actuellement beaucoup cherchent le Christ tout en l'abandonnant dans cette unique communion de son Corps qui est l'Église : le Christ y est délaissé comme rarement.

Pourtant, plus l'Église est terre de compassion et de réconciliation, plus elle devient maternelle à l'image de Marie et appelée à la joie : « Réjouis-toi, mon âme, comblée de grâce ! »

Aussi, à chacun je voudrais dire : pour être ferment de la joie de Jésus et l'accompagner dans son agonie, te disposeras-tu jour après jour à faire confiance à la foi de l'Église ? Revêtu de compassion et du pardon de Dieu comme d'un vêtement, ouvriras-tu des chemins pour que soit réduite la souffrance à travers la terre ? Là où il y a les abandons humains, seras-tu ferment de la confiance du cœur ?

Toi le Christ, en nous offrant de vivre en réconciliés dans la communion de ton Corps, ton Église, tu nous arraches à l'isolement et nous donnes de prendre appui sur la foi de toute ton Église, depuis les premiers chrétiens, les apôtres, et Marie, jusqu'à ceux d'aujourd'hui.

Sois remercié du reflet de ton visage, à travers tel enfant qui nous découvre ta mystérieuse présence. Elle nous ouvre aux réalités du Royaume, surabondance du cœur, simplicité, émerveillement, jubilation.

Frère Roger

Le Seigneur a promis une récompense même pour un verre d'eau donné en son nom. C'est pour son amour que nous devenons des mendiants.

Le Seigneur endura souvent une réelle indigence, comme nous l'apprend la multiplication des pains et des poissons, la cueillette des épis de blé sur les chemins... Cette pensée doit nous être salutaire quand nos repas sont maigres... Et sur la Croix, il ne possédait rien... La Croix lui avait été donnée par Pilate ; les clous et la couronne, par les soldats. Il était nu ; et quand il fut mort, on lui enleva la Croix, les clous et la couronne ; on l'enveloppa dans un linceul donné par une âme bienveillante et il fut enterré dans une tombe qui ne lui appartenait pas. Et pourtant, Jésus aurait pu mourir comme un roi ; il aurait pu sortir de la mort comme un roi. Il choisit la pauvreté parce qu'il savait que c'était le vrai moyen de posséder Dieu et d'apporter son amour sur la terre.

« Aimez-vous les uns les autres. » Enlevez ce commandement, et toute la grande œuvre de l'Église du Christ tombe en ruines...

La charité pour les pauvres doit être une flamme ardente dans notre société et de même que, lorsqu'un feu cesse de brûler, il n'offre plus d'intérêt, de même, le jour où la société manquera à la charité, elle n'aura plus aucune utilité et il n'y aura plus de vie.

La charité est comme une flamme vivante : plus le combustible est sec, plus il brille ; ainsi, nos cœurs étant délivrés de toutes raisons terrestres, nous donnons un service libre... L'amour de Dieu doit engendrer un service total. Plus répugnant est le travail, plus grand doit être l'amour, quand il porte secours au Seigneur sous l'affligeant vêtement...

Mère Teresa

STATION
XIV

Jésus est mis
au tombeau

————

Si c'est un même être avec le Christ que nous sommes devenus par une mort semblable à la sienne, nous le serons aussi par une résurrection semblable (Romains 6, 5).

SEIGNEUR, que ta crucifixion et ta résurrection nous apprennent à affronter les luttes de la vie quotidienne et à y traverser l'angoisse de la mort, afin que nous vivions dans une plus grande et plus créatrice plénitude. Tu as humblement et patiemment accepté les échecs de la vie humaine comme les souffrances de ta crucifixion. Les peines et les luttes que nous apporte chaque journée, aide-nous à les accepter comme des occasions de croître et de te mieux ressembler. Rends-nous capables de les affronter patiemment et bravement, avec une pleine confiance dans ton soutien.

C'est seulement en mourant avec toi que nous pouvons ressusciter avec toi.

Mère Teresa

LA tentation du doute met à l'épreuve la confiance en Dieu. Elle peut épurer comme l'or est épuré par le feu. Elle peut aussi plonger la créature humaine comme au fond d'un puits. Mais il demeure toujours une lumière par le haut. Complète, la nuit ne l'est jamais. Elle n'envahit jamais l'être en totalité. Dieu est présent jusque dans cette ténèbre.

Creusé en lui-même par l'épreuve du doute, celui qui veut vivre l'Évangile se laisse jour après jour engendrer par la confiance de Dieu. La vie y retrouve un sens.

Le sens de l'existence ne se puise pas dans les nuages ou dans des opinions, il s'alimente à une confiance. Dieu dépose sa confiance comme un souffle de l'Esprit répandu sur chaque être humain.

Une des marques irremplaçables de l'Évangile, c'est qu'il invite l'être humain à donner en retour sa confiance à un vivant sorti du tombeau. La foi n'est pas une opinion, elle est une attitude : le croyant accueille le ressuscité pour devenir lui aussi un vivant, non pas un demi-mort. Déjà dans les débuts de l'Église, Irénée de Lyon, chrétien de la troisième génération après le Christ — il avait connu Polycarpe qui avait été lui-même disciple de Jean l'évangéliste — écrivait : « La gloire de Dieu, c'est l'homme vivant. La vie de l'homme, c'est la vision de Dieu. »

Seigneur Christ, dans ta confiance en nous se trouve le sens de notre vie.

A nous qui te disons : « Je crois, Seigneur, viens au secours de mon peu de foi », tu ouvres une voie de création. Sur cette voie, tu nous donnes de créer même avec nos propres fragilités.

Loué soit le Ressuscité qui, nous sachant vulnérables et démunis, vient prier en nous l'hymne d'une immuable confiance.

Frère Roger

Imprimé en France
Imprimerie des Presses Universitaires de France
73, avenue Ronsard, 41100 Vendôme
Janvier 1986 — Nº 31 641